D1986250

Herzliche Segenswünsche
zum Geburtstag
von Ihrer evang. Kirche Klein-Karben

Zum Geburtstag viel Glück und herzliche Segenswünsche

auch für die kommenden Lebensjahre

Herausgegeben von Katharina Klett

VERLAG AN DER
ISENBURG

Ein Leben ohne Träume
ist wie ein Garten ohne Blumen.

GERTRAUDE BEESE

*M*ögest du in deinem Herzen bewahren
die kostbare Erinnerung
an die guten Dinge in deinem Leben.
Möge jede gute Gabe in dir wachsen.
Mögest du so viel Freude erleben,
daß die, die du liebst,
froh werden durch dich.
Und mögen an keinem deiner Feste
die fehlen, die dir sagen:
Es ist schön, daß du da bist.

JÖRG ZINK

VERLAG AN DER ISENBURG

AUTOREN SEITE

Möge Sie
an jedem neuen Tag
eine Blume
des Lebens erfreuen,
die etwas
von der Liebe Gottes
weitergibt!

IRISCHER SEGENSWUNSCH

Zum Geburtstag

KATHARINA KLETT

Ein Geburtstag, vor allem wenn's ein „runder" ist, bringt Freude ins Haus. Gratulanten kommen mit Blumen, mit kleinen oder großen Päckchen und natürlich mit vielen guten Wünschen.
Herzlichen Glück- und Segenswunsch! Dieser schöne Zuspruch findet sich zu Recht in vielen Geburtstagsgrüßen.
Glück, das bedeutet doch etwas Schönes, Gutes und daher Wünschenswertes. Jedoch, wertvoller als „Glück haben" ist „gesegnet sein". „An Gottes Segen ist alles gelegen", das wird an einem Meilenstein - und das sind Geburtstage ja - im Rückblick erkennbar.
Segen können wir nicht herstellen, aber wir dürfen ihn empfangen und weitergeben.
Ich wünsche Ihnen, daß Ihr Lebensweg gesegnet sei. So beschenkt, können Sie sich mit Hoffnung und Vertrauen auf die kommenden Lebensjahre freuen.
Ihre Geburtstagsfeier gibt es nur, weil es Sie gibt.
Feiern Sie Ihr Fest fröhlich und freuen Sie sich mit Ihren Gästen so, wie es in der Bibel steht:
Ein frohes Herz macht auch das Antlitz heiter.

So Gott will ...

Das große Glück, noch klein zu sein,
sieht mancher Mensch als Kind nicht ein.
Er möchte, daß er ungefähr
so fünfzehn oder sechzehn wär.

Doch schon mit siebzehn denkt er halt:
Mit achtzehn ist man ja schon alt!
Kaum hat die Zwanzig er geschafft,
erscheint die Dreißig greisenhaft,
und dann die Vierzig, welche Wende,
die Fünfzig ist ja bald das Ende.

Doch dann mit fünfzig peu à peu
schraubt er das Alter in die Höh'.
Die Sechzig ist noch ganz passabel,
die Siebzig erst ist miserabel.
Mit siebzig aber denkt er still:
Ich werde achtzig, so Gott will.

Und wer die Achtzig erst erlebt,
zielsicher nach der Neunzig strebt.
Mit neunzig ist er sehr verwundert:
Es gibt auch welche, die sind hundert!

Mit hundert kann er kaum noch steh'n.
So Gott will - wird er hundertzehn.

VERFASSER UNBEKANNT

Das Geburtstagsgeschenk

ERNST HEIMERAN

Der siebzigste Geburtstag, es könnte auch der fünfundsiebzigste sein oder überhaupt eine jener späteren Lebensstationen, an denen man sich nicht gerne mit neuem Gepäck belastet.
Da erhebt sich für die Angehörigen die Frage: was schenkt man zu solchen Geburtstagen, insbesondere wenn es sich um Männer handelt, um Väter und Großväter?
Es ist an und für sich schon schwierig, Vätern Geschenke zu machen

chen. Sie haben, was sie brauchen, oder sie kaufen sich, was ihnen fehlt. Man schenkt ihnen daher, was man immer brauchen kann und was immer wieder fehlt: warme Unterhosen, Wein, Krawatten, Bücher. Wenn man das aber bereits ein Leben lang getan hat, wenn sämtliche Systeme von Korkenziehern vorhanden und sämtliche Persönlichkeiten der Geschichte biographisch vertreten sind, dann fragt man sich als Gattin, Kind oder Schwiegersohn verzweifelt: Was nun? Was noch?

Denn jetzt, nachdem sämtliche Möglichkeiten erschöpft sind, soll es überdies etwas Besonderes sein: etwas gutgemeint Schriftkünstlerisches, etwas Graviertes oder etwas unbenutzbar Repräsentatives in Silber oder Kristall.

Wir Familienangehörigen aber stehen vor der Aufgabe: was ist innig, nützlich und höchst persönlich zugleich?

Den Jubilar selbst darüber zu befragen, hat keinen Sinn.

Er wird uns empfehlen, uns nicht in Unkosten zu stürzen, und überdies wünsche er, den Tag in aller Stille zu begehen.

Auch werden wir vergeblich unter den sogenannten Neuheiten, die auf den Markt kommen, etwas Geeignetes ermitteln. Glaubt irgendwer, daß sich ein Jubilar etwa an einem ganz neuartigen Rasierapparat freuen würde? Ich glaube, er würde ihn in der Nachttischschublade verschwinden lassen und sich mit seinem alten Apparat weiter rasieren, und so würde er mit allen Neuheiten verfahren.

Nein, für einen Jubilar im Familienkreis kommen ernstlich nur Geschenke in Frage, die der Fülle des Gemüts entspringen.

Als Kind machte es einem keine Schwierigkeiten, ein väterliches Geburtstagsfest aus eigenen Kräften zu schmücken.

Eine Handarbeit, ein Gedicht, ein Vortrag auf der Geige, eine Aufführung wohl gar, in der ein Engel oder Genius (in ein langes Nachthemd gekleidet) ewige Gesundheit und Freude allerwegen verhieß, dergleichen verfehlte seinen Eindruck nie.

Aber da ich, selbst schon Vater geworden, diesen Eindruck mit Nachthemdallegorien oder Ziernadelarbeiten persönlich nicht mehr

hervorbringen kann, verfalle ich auf den Ausweg, meine Kinder heranzuziehen und aus ihnen Kapital zu schlagen.
„Christiane, komm einmal her!“ rufe ich, „wir müssen uns etwas ausdenken. Der Opa hat demnächst Geburtstag.“
„Mit Lichtern?“
„Natürlich mit Lichtern. Und nachher gibt es Torte. Aber vorher müssen wir ihm etwas machen, was wir ihm schenken können. Du darfst auch malen“, lockte ich.
„Mit dem Pinsel?“
„Meinetwegen.“ Christiane malt, und Till, ihr Bruder, schreit.
„Komm, Till, wir schreiben ein Gedicht, und das darfst du aufsagen.“
Es kostet Till ziemlich Mühe, seinen Vers zu behalten, in dem Opa auf Europa gereimt ist. Jeden Morgen proben wir von neuem, bis sich Till dermaßen mit Europa angefreundet hat, daß er es unaufhörlich im Munde führt. Er spielt ständig mit dem Wort, er singt, er brüllt es in allen Tonarten, wir können es schon gar nicht mehr hören.
Am Geburtstagsmorgen, ehe wir uns auf den Weg machen, proben wir ein letztes Mal.
„Nun, liebe Kinder?“ sage ich. Die lieben Kinder lächeln verschämt.
„Unser lieber Opa... “ helfe ich nach. Till senkt Strauß und Blick und schweigt. Christiane rupft verlegen an ihrem Gemälde. Es entsteht jene berühmte Peinlichkeit, die in Tränen enden wird, wenn nicht rasch Hilfe kommt.
Und sie kommt.
Es läutet.
Das Mädchen der Großeltern bringt eineTorte und bestellt, die sollten sich die Kinder gut schmecken lassen, Großvater sei verreist, man solle es ihm nicht übelnehmen, daß er sich allen Glückwünschen zum „runden“ Geburtstag entzogen habe.
So müssen wir’s ihm schriftlich geben, mit welchem Jubel wir seinen Tag feierten und wie oft Till auf einmal wieder den Opa und Europa hat hochleben lassen.

Ach, lieber Gott, auch das ist wahr,
nicht jeder Tag war wunderbar
und trotzdem will ich ohne Klagen
für jede Stunde „danke“ sagen.

E. M. REINHOLD

Ich wünsche dir Glück und Segen

Ich wünsche dir Glück und Segen:
Es möge dir Gutes geschehen.
Du brauchst aber nun nicht deswegen
mit Eifer am Glücksrad zu drehen.

Was ich meine, kommt oft nur ganz leise
und vor allem von innen her.
Ein Glück ist doch beispielsweise
schon die Abwesenheit von Malheur.

Ich wünsche dir Glück und Segen.
Das muß nicht der Wohlstand sein.
Ein bißchen davon - meinetwegen,
doch bestimmt nicht nur Reichtum allein.

Ich wünsche dir Glück und Segen.
Es öffne dein Fenster sich weit,
dann ist mit dem Windhauch zugegen
das Glück sich erfüllender Zeit.

ELLI MICHLER

Wie ist mir doch behaglich wohl!
Und wunschlos bin ich ohne Frage.

Faulenzen ist doch wundervoll,
nur darf man es nicht alle Tage.

KARL HEINRICH WAGGERL

So soll man schenken

PHILLIP KELLY

Vor 20 Jahren hatte ich als Angehöriger des Franziskanerordens im US-Bundesstaat New Jersey puertoricanische Wanderarbeiter zu betreuen, die für die Konservenfabrik dort Tomaten, Gemüse und Blaubeeren ernteten.
Viele der Männer waren mit ihren Familien da. Alle träumten davon, so viel zu verdienen, daß sie in ihrer Heimat ein Haus bauen konnten.

Für mich war es das erste Jahr in der Gemeinde, für Walter Jansen sollte es das letzte sein. Nach 40 Jahren bei seiner Konservenfirma ging er in den Ruhestand. Seit 25 Jahren war er Vorarbeiter. Er liebte die Menschen, mit denen er arbeitete. Und sie liebten ihn.

Es war Walter, der mir von der Tradition der „Reise auf die Insel" erzählte. Danach kamen jeden Dezember die 200 puertoricanischen Familien zusammen, und jede Familie tat fünf Dollar und einen Zettel mit ihrem Namen in einen Topf. Dann zog jemand mit verbundenen Augen den Namen der Familie, die zwei Wochen auf der Insel verbringen durfte.

„Kommen Sie mit zur Ziehung!" schlug Walter mir vor. „Ich mache Sie mit allen bekannt."

Ich sehe noch heute die Papierschlangen, die von den Sparren unter dem Blechdach hingen, rieche die Pasteten, höre die Musik. An der Wand klebten Plakate von Puerto Rico, und die Leute führten Walter und mich herum und zeigten uns ihre Heimatorte. War das nicht der schönste Fleck auf Erden?

Um 15 Uhr hatte jede Familie fünf Dollar herausgerückt. Vor der Ziehung jedoch rief der Ansager Walter aufs Podium und überreichte ihm eine Plakette zum Andenken an seine Verdienste und als Ausdruck des Dankes für die Jahre seiner Fürsorge und Freundschaft. Alle klatschten begeistert.

Darauf wurde ich gebeten, den Namen der glücklichen Gewinnerfamilie zu ziehen.

Man verband mir die Augen und führte mich zu dem Topf. Ich griff hinein, fingerte eine Weile in den Zetteln herum und behielt schließlich einen übrig.

Ich nahm die Binde von den Augen und las den Namen auf dem Zettel vor: „Walter Jansen!" Der Jubel war ohrenbetäubend. Alle umringten ihn, gratulierten, umarmten ihn.

Während des Tumults langte ich noch einmal kurz in den Topf und zog eine Handvoll Zettel heraus. Auf jedem stand in den verschiedensten Handschriften derselbe Name - Walter Jansen.

Vom Glück des Gebens

Höchstes Glück ist doch, zu spenden
denen, die es schwerer haben
und beschwingt, mit frohen Händen
auszustreun die schönen Gaben.

Schöner ist doch keine Rose
als das Antlitz des Beschenkten
wenn gefüllet sich, o große
Freude, seine Hände senkten.

Nichts macht doch so gänzlich heiter
als zu helfen allen, allen!
Geb ich, was ich hab, nicht weiter
kann es mir doch nicht gefallen.

BERTOLT BRECHT

Wenn wir jeden Tag eine Blume
auf den Weg unseres Mitmenschen streuen würden,
so wären die Straßen der Erde voller Freude.

GROSSBRITANNIEN

Was Mutter mir gab

SUZANNE CHAZIN

Ich bin in einem Dorf aufgewachsen, wo die Grundschule zehn Minuten von unserem Haus entfernt war und - es ist noch gar nicht so lange her - die Kinder mittags zum Essen nach Hause zu ihrer Mutter gehen konnten.

Damals hielt ich das nicht für einen Luxus, während es heute sicherlich einer ist. Für mich war es selbstverständlich, daß Mutter Brote schmierte, Fingerfarbenbilder lobte und die Hausaufgaben beaufsichtigte. Ich stellte nie in Frage, daß diese ehrgeizige und intelligente Frau, die vor meiner Geburt im Beruf erfolgreich gewesen war und ihn später wiederaufnehmen würde, während meiner ganzen Grundschulzeit fast jeden Mittag nur mir widmete.

Sobald die Glocke läutete, rannte ich schnell nach Hause. Meine Mutter stand dann oben auf der Treppe und empfing mich mit einem Lächeln, das mir das Gefühl gab, ich sei für sie das einzig Wichtige. Dafür werde ich ihr immer dankbar sein.

Manche Geräusche rufen mir alles in Erinnerung: der hohe Pfeifton des Teekessels oder das Klappern der Hundemarke am Halsband, wenn mein Hund die Treppe hinuntersprang, um mich zu begrüßen. Die Zeit schien frei zu sein von den Zwängen der Terminpläne, die jetzt mein Leben bestimmen.

Einen Tag - ich war in der dritten Klasse - werde ich nie vergessen. In einer Schulaufführung sollte ich eine Prinzessin spielen, und wochenlang hatte meine Mutter mit mir den Text geprobt. Aber ganz egal, wie gut ich ihn zu Hause konnte, auf der Bühne brachte ich kein Wort heraus.

Schließlich nahm mich die Lehrerin beiseite. Sie erklärte mir behut-

sam, daß sie dem Stück eine Erzählerin hinzugefügt habe, und bat mich, die Rollen zu tauschen. Ihre Worte kränkten mich dennoch, besonders als ich sah, daß ein anderes Mädchen jetzt die Prinzessin spielten durfte.
Als ich zum Essen nach Hause kam, erzählte ich meiner Mutter nicht, was geschehen war. Aber sie spürte, daß etwas nicht stimmte. Statt weiter mit mir zu üben, fragte sie mich, ob ich mit in den Garten gehen wolle. Es war ein herrlicher Frühlingstag, und die Kletterrosen trieben schon aus. Unter den riesigen Ulmen standen Büschel von gelben Löwenzahnblüten.
Ich beobachtete meine Mutter, wie sie sich scheinbar gedankenlos zu den Blumen hinunterbeugte. „Ich glaube, ich reiße dieses Unkraut aus", sagte sie und zerrte heftig an einer Wurzel. „Von jetzt an werden wir nur noch Rosen im Garten haben."
„Aber ich mag Löwenzahn", protestierte ich. „Alle Pflanzen sind schön - sogar Löwenzahn."
Meine Mutter schaute mich ernst an. „Ja, jede Blume hat ihren eigenen Reiz, nicht wahr?" sagte sie nachdenklich. Ich nickte, erfreut, daß ich sie überzeugt hatte. „Und dasselbe kann man auch von den Menschen sagen", fügte sie hinzu. „Nicht jedes Mädchen kann eine Prinzessin sein, aber das ist keine Schande."
Ich war erleichtert, daß sie die Ursache meines Kummers erraten hatte, und erzählte ihr weinend die Neuigkeit. Sie hörte zu und lächelte ermutigend.
„Aber du wirst eine ausgezeichnete Erzählerin sein", sagte sie und erinnerte mich daran, wie gern ich ihr Geschichten laut vorlas. „Die Rolle der Erzählerin ist ebenso wichtig wie die der Prinzessin."
Während der nächsten Wochen lernte ich dank ihrer Ermunterung, auf meine neue Rolle stolz zu sein. In den Mittagsstunden probten wir meinen Text und überlegten, was ich anziehen könnte.
Am Abend der Aufführung stand ich nervös hinter der Bühne. Ein paar Minuten vor Beginn kam meine Lehrerin zu mir. „Deine Mutter hat mich gebeten, dir das zu geben", sagte sie und reichte mir einen

Löwenzahn. Er war schon ein wenig welk. Aber ich brauchte ihn nur anzuschauen und daran zu denken, daß meine Mutter da draußen war und sich an unser Gespräch erinnerte, und ich war stolz.
Nach der Vorstellung trug ich die Blume in einer Tasche meines Kostüms nach Hause. Meine Mutter preßte sie in einem Wörterbuch zwischen Haushaltspapier und meinte dabei lachend, daß wir wahrscheinlich die einzigen seien, die eine so armselig aussehende Pflanze auch noch aufbewahrten.
Ich denke oft an unsere gemeinsamen Mittagessen zurück, an das warme Licht der Mittagssonne. Das waren Augenblicke des Innehaltens, Pausen, die mich lehrten, daß das Schöne im Leben nicht in meßbaren Erfolgen zu finden ist, sondern in der Summe der täglichen Rituale und kleinen Freuden, die wir mit lieben Menschen teilen. Über Brötchen und Schokoladenkeksen habe ich gelernt, daß Liebe in erster Linie heißt, für die kleinen Dinge dazusein.
Vor einigen Monaten kam meine Mutter zu Besuch. Ich nahm mir einen Tag frei und führte sie zum Essen aus. Im Restaurant herrschte hektisches Treiben - Geschäftsleute führten Verhandlungen und schauten nervös auf die Uhr. Mittendrin saßen meine Mutter, inzwischen pensioniert, und ich. Von ihrem Gesicht konnte ich ablesen, daß sie die Betriebsamkeit genoß. „Du mußt dich zu Hause schrecklich gelangweilt haben, als ich noch ein Kind war", sagte ich.
„Gelangweilt? Haushalt ist langweilig, du warst nie langweilig."
Ich glaubte ihr nicht, also hakte ich nach.
„Sicher sind Kinder nicht so anregend wie Berufstätigkeit."
„Beruflicher Erfolg hat schon seinen Reiz", sagte sie. „Ich bin froh, daß ich das erlebt habe, aber er ist wie ein Luftballon. Er bleibt nur aufgebläht, solange man ihn aufbläst. Ein Kind ist wie ein Samenkorn. Man muß es gießen und sich nach Kräften kümmern. Und dann wächst es ganz selbständig zu einer schönen Blume heran."
Als ich sie in diesem Augenblick anschaute, sah ich uns wieder am Küchentisch sitzen, und ich begriff, warum ich diesen abblätternden braunen Löwenzahn in unserem alten Wörterbuch aufbewahrt hatte.

*Zwei Frauen. Die eine war alt und sehr lustig.
Die andere war jung und sehr traurig. Als ich sie fragte:
„Wieso das?“, antwortete die alte, indem sie auf die
junge zeigte: „Die hat’s noch nicht nötig, lustig zu sein!“*

AUS DER ZEITUNG

Der Dichter des Psalm 139 schreibt

Du, mein Gott,
hast mich geschaffen.
Meinen Leib und meine Seele.
Du warst es,
der mich so fein gewoben hat
im Leib meiner Mutter.

Ich danke dir,
daß ich so herrlich geschaffen bin,
so wunderbar.
Alle deine Werke
sind voller Wunder.

Du kanntest mich,
du sahst mich schon,
als ich,
menschlichen Augen verborgen,
meine Gestalt fand.

Du hattest mein Schicksal vor Augen,
alle meine Tage und meine Jahre.

In deinem Buch standen sie alle,
sie wurden geschrieben,
längst ehe sie begannen.

Deine Gedanken sind so schwer und so groß,
o Gott, wie gewaltig ist ihre Zahl!
Wollte ich zählen, so wäre es,
als zählte ich Sandkörner am Meer
mit meinen Fingern.
Und wenn ich darüber einschliefe,
so zählte ich weiter im Traum
so merkte bei meinem Erwachen,
daß ich gezählt habe
und an kein Ziel kam.

Erforsche mich, Gott, erkenne mein Herz.
Prüfe mich und erfahre, wie ich's meine.
Und siehe, ob ich auf dem Wege ins Unheil bin,
und leite mich auf den Weg zur Ewigkeit.

JÖRG ZINK

Ein unvergeßliches Geschenk

ALEX HALEY

Wenn ich mit meinen Geschwistern zusammenkomme, sprechen wir jedesmal von Vater, denn wir alle verdanken unseren Erfolg im Leben ihm - und einem geheimnisvollen Mann, dem er eines Nachts in einem Zug begegnete.

Unser Vater, Simon Alexander Haley, wurde 1892 geboren. Er wuchs in dem Landstädtchen Savannah in Tennessee auf als achtes Kind von Alec Haley, einem armen Landpächter, der früher Sklave gewesen war, und einer Frau namens Queen.

Meine Großmutter war feinfühlig und warmherzig, konnte jedoch sehr eigenwillig sein, besonders wenn es um ihre Kinder ging. Eines der Dinge, die sie sich in den Kopf gesetzt hatte, war, daß mein Vater eine Ausbildung erhalten sollte.

In Savannah galt damals ein Junge als „unnütz", der weiter zur Schule ging, wenn er eigentlich groß genug war, auf dem Acker zu helfen. So begann Großmutter, als mein Vater in die sechste Klasse kam, ihrem Mann in den Ohren zu liegen.

„Wir haben doch acht Kinder", meinte sie etwa, „da würde man es uns wohl sogar zugute halten, wenn wir einen Sohn bewußt als unnütz betrachteten und ihn etwas werden ließen." Nach vielen Debatten duldete Großvater schließlich, daß mein Vater die Grundschule bis zur achten Klasse besuchte, wobei er allerdings in seiner freien Zeit auf dem Feld helfen mußte.

Für Queen war das nicht genug. Daher legte sie vor dem Ende der achten Klasse Großvater immer wieder dar, daß es sein Ansehen noch weiter erhöhen werde, wenn sie ihren Sohn auf die höhere Schule schickten.

Ihre Hartnäckigkeit hatte Erfolg. Zu guter Letzt drückte der gestrenge Alec Haley meinem Vater fünf schwerverdiente Zehndollarscheine in die Hand, schärfte ihm ein, nie mehr zu verlangen, und schickte ihn auf den Weg zu einer weiterführenden Schule. Zuerst per Maultierkarren, dann mit der Bahn - er hatte noch nie einen Zug gesehen - gelangte mein Vater nach Jackson in Tennessee. Dort schrieb er sich am Lane College ein und absolvierte an dieser methodistischen Schule für Schwarze die zwei ersten College-Jahre.

Seine 50 Dollar waren rasch verbraucht, und so mußte er das Geld fürs College als Kellner, Gelegenheitsarbeiter und in einer Schule für schwererziehbare Kinder verdienen.

Im Winter stand er um vier Uhr auf und machte in den Häusern wohlhabender weißer Familien Feuer, damit die Bewohner es schön warm hatten, wenn sie aufstanden.

Für die anderen wurde der arme, immer verschlafene Simon mit dem einen Paar Schuhe und der einen Hose bald zum Gespött. Oft fand man ihn irgendwo schlafend, ein Lehrbuch auf den Knien - Kehrseite der ständigen Jagd nach ein bißchen Geld. Doch obwohl seine Noten schlechter wurden, schaffte er den Schulabschluß. Danach wechselte er auf die landwirtschaftliche Hochschule für Farbige in Greensboro in Nordkarolina und kämpfte sich dort durch die beiden ersten Studienjahre.

An einem grauen Nachmittag gegen Ende des zweiten Jahres wurde er zu einem Dozenten gerufen, der ihm eröffnete, daß er bei ihm nicht bestehen werde. Mein Vater hatte sich das Lehrbuch, das für dieses Fach erforderlich war, nicht kaufen können.

Er fiel aus allen Wolken. Jahrelang hatte er sein Bestes gegeben, und nun stand er mit leeren Händen da. Vielleicht sollte er doch nach Hause zurückkehren und sich mit dem Schicksal eines Landpächters abfinden.

Da erhielt er wenige Tage später von der Pullman-Gesellschaft einen Brief; darin hieß es, er sei einer der 24 schwarzen Studenten, die unter Hunderten von Bewerbern für den Sommer einen Platz als Schlafwagenschaffner erhielten. Er war überglücklich, meldete sich unverzüglich zum Dienst und wurde einem Zug der Linie Buffalo - Pittsburgh zugeteilt.

Das Leben ist zwar teuer, aber es ist sein Geld wert.

AUFGELESEN

Einmal ertönte, während der Zug durch die Nacht brauste, morgens um zwei in seiner Koje die Rufglocke. Mein Vater sprang auf, zog rasch sein weißes Jackett über und eilte zu dem betreffenden Abteil. Dort erklärte ihm ein vornehmer Herr, er und seine Frau könnten nicht schlafen und hätten gern ein Glas warme Milch. Mein Vater brachte auf silbernem Tablett Milch und Servietten, und der Herr reichte ein Glas seiner Frau durch den Vorhang vor dem unteren Bett. Dann trank auch er und verwickelte meinen Vater in ein Gespräch.

Die Schlafwagengesellschaft verbot jede Unterhaltung, die über ein „Jawohl, mein Herr" oder „Nein, gnädige Frau" hinausging, aber dieser Fahrgast stellte Fragen über Fragen, ja, er begleitete meinen Vater bis zu dem kleinen Schaffnerraum.

„Wo kommen Sie her?"

„Aus Savannah in Tennessee."

„Sie haben eine gute Aussprache."

„Danke, mein Herr."

„Was haben Sie vorher gemacht?"

„Ich bin Student an der landwirtschaftlichen Hochschule in Greensboro." Davon, daß er im stillen schwankte, ob er nicht zu einem Leben als kleiner Pächter zurückkehren sollte, sagte er nichts.

Der Mann sah ihm scharf ins Gesicht, wünschte ihm alles Gute und ging zurück in sein Abteil.

Am nächsten Morgen kam der Zug in Pittsburgh an. Zu einer Zeit, als 50 Cent ein großzügiges Trinkgeld waren, gab der Mann Simon Haley fünf Dollar. Mein Vater bedankte sich überschwenglich.

Den ganzen Sommer hatte er jedes kleinste Trinkgeld gespart, und als die Schaffnerzeit endete, hatte er so viel beisammen, daß er sich hätte Pflug und Maultier kaufen können. Doch dann überlegte er sich, daß das Ersparte auch für ein ganzes Semester in Greensboro reichen würde, ohne daß er nebenbei arbeiten müßte.

Er kam zu dem Schluß, daß er das eigentlich verdient hatte. Nur so konnte er erfahren, was er zu leisten fähig war.

Also fuhr er nach Greensboro zurück. Dort angekommen, wurde er

zum Rektor bestellt. Ängstlich nahm er vor dem hohen Herrn Platz. „Ich habe hier einen Brief", eröffnete der Rektor das Gespräch. „Ja?"
„Sie haben im Sommer als Schlafwagenschaffner gearbeitet?"
„Ja."
„Haben Sie in dieser Zeit nachts einem Fahrgast Milch gebracht?"
„Ja."
„Dieser Fahrgast war Mr. Boyce, früher einer der Geschäftsführer des Curtis-Verlags, der die Saturday Evening Post herausbringt. Er schenkt Ihnen hier 500 Dollar für Unterkunft, Verpflegung, Studiengebühr und Literatur für ein ganzes Jahr."
Mein Vater war sprachlos.
Die unerwartete Gabe hatte nicht nur zur Folge, daß er das Studium in Greensboro als Bester seines Jahrgangs abschließen konnte, sondern er erhielt aufgrund dieser Leistung auch ein volles Stipendium für die Cornell-Universität in Ithaca im Staat New York.
So ging mein Vater im Jahr 1920 mit seiner jungen Frau Bertha nach Ithaca und setzte seine Studien fort, um seinen Magister zu machen. Meine Mutter aber begann dort am Konservatorium eine Ausbildung als Pianistin. Ein Jahr später wurde ich geboren.
Jahrzehnte danach - die Redaktion der Saturday Evening Post hatte mich eingeladen, um mit mir eine Kurzfassung meines ersten Buches zu besprechen - saß ich stolz und glücklich in den getäfelten Redaktionsräumen in der Lexington Avenue, als ich plötzlich an Mr. Boyce denken mußte. Seiner Großmut hatte ich es letztlich zu verdanken, daß ich mich hier befand.
Uns Kindern von Simon Haley wird Mr. Boyce und sein Glaube an einen wenig vom Glück begünstigten Mitmenschen immer unvergessen bleiben, denn auch wir waren ja Nutznießer seiner Großzügigkeit. Statt als arme Pächterkinder konnten wir voller Selbstvertrauen, umgeben von Bücherregalen, in der Obhut gebildeter Eltern aufwachsen. Mein Bruder George ist Vorsitzender der Portokommission der amerikanischen Post, Julius ist Architekt, Lois Musiklehrerin, und ich bin Schriftsteller.

Gottes Geschenk

HERMANN HESSE

Alle Tage rauscht die Fülle der Welt an uns vorüber; alle Tage blühen Blumen, strahlt das Licht, lacht die Freude. Manchmal trinken wir uns daran dankbar satt, manchmal sind wir müde und verdrießlich und mögen nichts davon wissen; immer aber umgibt uns ein Überfluß des Schönen.

Das ist das Herrliche an jeder Freude, daß sie unverdient kommt und niemals käuflich ist; sie ist frei und ein Gottesgeschenk für jedermann wie der wehende Duft der Lindenblüte.

Glückwunsch

Will das Glück nach seinem Sinn
dir was Gutes schenken,
sage Dank und nimm es hin
ohne viel Bedenken.

Jede Gabe sei begrüßt,
doch vor allen Dingen:
das, worum du dich bemühst,
möge dir gelingen.

WILHELM BUSCH

Damit ein Blütenbaum
entstehen kann,
muß zunächst ein Baum dasein;
und damit ein Mensch
glücklich sein kann,
muß er zunächst Mensch sein.

ANTOINE DE SAINT-EXUPÉRY

Auf anmutige Weise

LIN YUTANG

Ich habe mich häufig bemüht, die östliche und die westliche Lebenseinstellung miteinander zu vergleichen und in ihrer Gegensätzlichkeit zu erfassen, aber ich habe keine durchgehenden Unterschiede gefunden, außer in der Einstellung zu den alten Leuten, wo der Unterschied allerdings unverkennbar ist und es keine Übergänge gibt.

Alle anderen Unterschiede - in der Einstellung zu den Frauen, zu Arbeit, Spiel und Lebenstüchtigkeit - sind nur relativ.

Die Beziehung von Mann und Frau in der Ehe, ja sogar das Verhältnis zwischen Eltern und Kindern liegt in China nicht wesentlich anders als in den westlichen Ländern. In der Einstellung zum alten Menschen aber ist der Gegensatz unüberbrückbar, und Osten und Westen nehmen gänzlich verschiedene Standpunkte ein.

Am deutlichsten wird das, wenn es sich darum handelt, jemanden nach seinem Alter zu fragen oder selbst zu sagen, wie alt man ist.

In China kommt, wenn man einen offiziellen Besuch macht, gleich nach der Frage nach Namen und Familiennamen die weitere Frage: „Und welches ist Ihr ruhmreiches Alter?"

Muß der Gefragte zögernd gestehen, er sei dreiundzwanzig, er sei achtundzwanzig, so tröstet ihn der andere mit der Bemerkung, da habe er ja noch eine ruhmreiche Zukunft vor sich, und eines Tages werde er gewiß alt werden. Kann der Befragte aber antworten, er sei fünfunddreißig oder achtunddreißig, so ruft der andere sogleich im Tone hoher Achtung: „Großes Glück!" Die Begeisterung wächst, je höher das Alter ist, das der Befragte zu nennen hat, und ist er gar über die Fünfzig hinaus, so senkt der Fragende sogleich voll Demut und Achtung seine Stimme.

Darum müßten eigentlich alle alten Menschen, die es sich leisten können, auf der Stelle nach China ziehen, wo man selbst den weißbärtigen Bettler mit ausgemachter Liebenswürdigkeit behandelt.

Leute in mittleren Jahren warten meist begierig auf den Tag, an dem sie fünfzig werden, und bei erfolgreichen Kaufleuten und Beamten hat man es schon erlebt, daß sie bereits ihren vierzigsten Geburtstag mit gewaltigem Pomp feierten. Der fünfzigste Geburtstag aber, die Wegmarke des halben Jahrhunderts, ist in allen Bevölkerungsschichten ein Anlaß zu lauter Freude. Der sechzigste gar übertrifft den fünfzigsten an Herrlichkeit, der siebzigste den sechzigsten, und wer seinen achtzigsten Geburtstag feiern kann, der gilt als ein ganz besonderes Glückskind des Himmels.

Das Bedürfnis, alt zu sein oder es wenigstens zu scheinen, ist verständlich, wenn man sich überlegt, welcher Vorzug dem Alter in China allenthalben eingeräumt wird. Zunächst einmal ist es das Vorrecht

der alten Leute, daß sie reden dürfen, während die Jungen zuhören und den Mund halten müssen. „Ein junger Mann soll Ohren haben, keinen Mund“, sagt ein chinesisches Sprichwort. Die Zwanzigjährigen sollen zuhören, wenn die Dreißigjährigen sprechen, und von diesen wird umgekehrt stummes Zuhören erwartet, wenn Vierzigjährige das Wort führen. Da das Bedürfnis, zu reden und Zuhörer zu haben, allgemein verbreitet ist, leuchtet es ein, daß man mit zunehmenden Jahren immer mehr auf seine Rechnung kommt.
Es ist ein Gesellschaftsspiel, bei welchem keiner bevorzugt ist, denn jedermann hat die Aussicht, zu seiner Zeit gleichfalls alt zu werden. Ein Vater etwa, der seinem Sohn eine Standpauke hält, muß auf der Stelle stillschweigen und eine andere Haltung einnehmen, wenn die Großmutter den Mund aufmacht. Was kann er sich anderes wünschen, als daß er an die Stelle der Großmutter rückt?
Diese Spielregel entbehrt auch nicht der Gerechtigkeit, denn wie sollte ein Junger den Mund auftun, wo die Alten doch jeden Augenblick sagen können: „Ich bin schon über mehr Brücken gelaufen als du über Straßen!“
Als einzige Begründung für ihre die Verehrung der alten Eltern pflegende Weltanschauung führen die Chinesen das Gefühl der Dankbarkeit an. Was man seinen Freunden schuldig ist, läßt sich vielleicht Stück für Stück aufzählen; die Dankesschuld an die Eltern aber spottet jeder Aufzählung. Sicher ist es keine Kleinigkeit für einen Sohn, seinen Eltern zu dienen, aber es wäre ein Sakrileg, wenn man die Pflege der eigenen Eltern mit der Krankenpflege, die einem Fremden im Spital erwiesen wird, in einem Atemzug nennen wollte.
Wir zitieren im folgenden einige Pflichten des Familiensohns, wie sie T’u Hsishih aufgezeichnet und in ein Buch der sittlichen Unterweisung aufgenommen hat, welches ehemals im Schulunterricht viel verwendet wurde:
In den Sommermonaten soll man, wenn man seinen Eltern aufwartet, neben ihnen stehen und ihnen mit einem Fächer die Hitze lindern und die Fliegen und Stechmücken vertreiben. Im Winter soll

man darauf achten, daß die Bettdecken warm genug sind und daß das Ofenfeuer heiß genug brennt, und soll überhaupt beständig auf der Hut sein, daß alles seine Ordnung hat. Man soll nachsehen, ob in den Türen und Fenstern keine Löcher und Sprünge sind, damit es keine Zugluft gibt und die Eltern sich recht froh und behaglich fühlen können.

Über all diese Sitten und Gebräuche machen sich die proletarisch eingestellten Schriftsteller in China weidlich lustig, indem sie behaupten, es seien lauter Reste aus der „feudalistischen“ Zeit.

Wir wollen uns dadurch nicht von der Wahrheit abbringen lassen, daß jeder Mensch eines Tages alt wird, wenn er lang genug leben darf, was sich ja wohl ein jeder wünscht.

Man muß nur auf den törichten Individualismus verzichten zu glauben, der Einzelmensch könne als eine Abstraktion bestehen und im wörtlichen Sinn unabhängig sein. Dann sieht man sofort ein: es gilt, das Leben so einzurichten, daß das sogenannte goldene Lebensalter nicht hinter uns in der Zeit der Jugend und Unschuld, sondern vor uns in den Jahren des Alters liegt.

Befolgen wir nämlich die umgekehrte Methode, so sind wir, ohne es zu wissen, zu einem Wettrennen mit der unbarmherzig dahineilenden Zeit verurteilt, zu einer beständigen Angst vor dem, was vor uns liegt - und man braucht nicht erst auseinanderzusetzen, daß ein solcher Wettlauf von vornherein aussichtslos ist und zu unserer Niederlage führen muß.

Niemand kann seinem Älterwerden Einhalt gebieten; man kann sich nur darüber hinwegtäuschen, indem man nicht zugibt, daß man älter wird. Bei solcher Sachlage und bei der Aussichtslosigkeit eines Kampfes gegen die Natur wäre es doch wohl klüger, man entschlösse sich dazu, auf anmutige Weise alt zu werden. Wäre es auch nur darum, daß die Lebenssymphonie mit einem großartigen Finale aus Frieden, Heiterkeit, materiellem Wohlbefinden und geistiger Befriedigung endet und nicht mit dem Mißton zerbrochener Trommeln und zersprungener Zimbeln.

Wir wissen, wie das Licht sich bricht,
wie die Pflanze wächst, aber beides bleibt ein Wunder.
Wir besitzen viele Kenntnisse,
doch die Schöpfung bleibt ein Wunder.

ALBERT SCHWEITZER

Ein humorvolles Gebet

Herr Gott, du und ich, wir haben ein Geheimnis.
Das Altwerden bringt einiges mit sich,
was Spaß macht.
Wir müssen uns nicht mehr
von der Welt plagen lassen.
Wir brauchen nicht mehr den Schein zu wahren,
sondern können auf kindliche Freuden
zurückgreifen:
Zusehen, wie eine Spinne ihr Netz webt.
Vor einem Licht Schattenbilder
an die Wand werfen.
Statt einer Hauptmahlzeit Kompott mit Sahne essen.
Die ganze Nacht wach bleiben.
Sterne zählen. Trödeln.
Zu Hause bleiben
und mit einem alten Freund Schach spielen.
Einen verrückten Hut tragen.
Warum hast du mir nicht verraten,
daß das Altwerden neben allem,
was ich daran so hasse,
auch manches Vergnügliche mit sich bringt?
Ach, ich weiß: Weil ich es nie geglaubt hätte!

ELISE MACLAY

Rede an einen Freund zum Geburtstag

DIETRICH MENDT

Richtig alt zu werden, ist eine Kunst, die nur wenige beherrschen. Wer sie beherrscht wie Du, dem kann man wenig wünschen. Man kann nur sich selbst wünschen, diese Kunst zu lernen, und ich versuche in der Tat, obwohl ich erst ein paar Jahre über die Hälfte Deines Alters auf meinem Konto habe, mich zu üben in der Kunst, alt zu werden.

So wird sich meine Rede darin erschöpfen, diese Kunst zu beschreiben, die Du selber nicht zu lernen brauchst. Aber was man beschreibt, begreift man besser, und was man begriffen hat, kann man anwenden. So laß mich, indem ich Dir diese Rede halte, selber anfangen, in Ehren alt zu werden.

Die erste Kunst ist diese: Du kannst danken.

Es ist das Privileg der Jugend, nicht zufrieden zu sein mit dem, was man hat. In diesem Sinne bleiben manche Menschen immer jung, aber das ist eine häßliche Art, jung zu bleiben.

Man denkt noch im Alter darüber nach, was einem alles entgangen ist: der große Lottogewinn, die Beförderung zum Oberlehrer, das nicht geschriebene Buch mit der großen Auflage, die Reise nach Taschkent, der Enkel mit der reichen Frau, die vergoldete Zigarettenspitze.

Es gibt ja so viele Menschen, die das alles haben und mehr, hier

wohnt einer und da einer und der Kollege und die Kusine und von Meiers der Neffe, so viele, daß man darüber die vielen vergißt, die weniger haben.
Du hast sie nicht vergessen.
Dein Leben ist eine Schatzkammer, und Du verbringst Deine Tage damit, in Deinen Schätzen zu wühlen, heute diesen Brillant hervorzuholen, morgen diesen Achat, übermorgen jenen Amethyst - und zu jedem weißt Du eine Geschichte, die Ferien im Erzgebirge damals, der erste Spaziergang mit Deiner Frau, der selbstgebastelte Schreibtischkalender Deines ersten Jungen, der heut auf Deinem Schreibtisch steht, ein kostbares Buch, das Du gelesen hast. Viele Geschichten, Deine Geschichte.
Gewiß, es hat auch viele harte Kiesel auf Deinem Lebensweg gegeben, aber Du hast sie nicht aufgehoben, sie waren es nicht wert, aufgehoben zu werden. Sie sind auf dem Wege liegengeblieben, und wer erinnert sich schon an jeden Kieselstein!
So bist Du reich geworden ohne Vermögen.

Die zweite Kunst ist diese: Du kannst hören.
Du weißt unendlich viel, aber es ist immer noch Platz für Neues. Wie komisch muß Dir manches vorkommen, was wir Dir erzählen, aber Dein Gehör reicht offenbar weiter. Du kannst Dir auch Unsinn anhören. Du hast Röntgenohren, die hören das Herz schlagen, die hören den Kummer oder die Freude, auch bei solchen, die manchmal Unsinn reden.
Und wo wäre das alles besser aufgehoben als bei Dir! Im Schatz Deiner Erfahrungen kann es keinen Schaden anrichten. Du weißt genau, wann es nur darum geht zu hören und wann es darum geht zu raten. Du drängst Deinen Rat nicht auf, weil vieles Reden sich selber rät, den richtigen Gedanken freilegt, indem es alles Überflüssige, alles Darüberliegende aus dem Munde spült.

Die dritte Kunst ist diese: Du lernst noch immer.

Es ist Dir klar, daß manches heute anders ist als früher. Du regst Dich niemals darüber auf, daß heute lateinisch geschrieben wird und die Musik anders klingt als zu Richard Wagners Zeiten und die jungen Leute heute keine Lust mehr haben, Wiener Walzer zu tanzen. Wie viele Spannungen gibt es allein deswegen, weil die Schwiegertöchter an den Salat keinen Pfeffer machen und an die Waschlappen keine Henkel nähen, obwohl es doch die Schwiegermütter zeit ihres Lebens so gehalten haben! Und wie viele Schwiegerväter haben es schon allein deswegen mit ihren Schwiegersöhnen verdorben, weil die Jugend heute den Katechismus nicht mehr auswendig kennt.
„Früher war das alles ganz anders“, lautet die Zauberformel.
Aber Du bist mitgegangen, Du bist jung geblieben. Dir sind auch die wahrhaftig bewährten Methoden Deiner vielen Lebensjahre niemals so bewährt, daß Du sie nicht überprüfen und erneuern könntest. Und das schafft den lebendigen Kontakt mit uns Jüngeren, der Dich wirklich nie alt werden läßt. Wie viel Deiner Zeit- und Altersgenossen sind allein, weil sie immer nur wie ein Kaffeekränzchen Kontakt mit der gleichen Generation hatten. Auf einmal waren sie allein. Du wirst niemals allein sein -, und vielleicht sind wir's auf diese Weise einmal auch nicht.

Und Deine vierte Kunst heißt: Du kannst nachdenken.
Auch wenn es Dich anstrengt, stundenlang zu lesen oder Radio zu hören oder fernzusehen -, Du bekommst keine Langeweile ohne das alles, Du hast immer genug Stoff. Dir stehen Dinge zur Verfügung und Personen, über die nachzudenken sich lohnt. Und mancher Gedanke mündet unmittelbar ins Gebet. Wie vieles haben wir diesen Gebeten zu verdanken, ohne es zu wissen! Und wie sehr brauchen wir Menschen, die dafür Zeit haben!
So wäre mein abschließender Wunsch recht unbescheiden der, daß Du diese Kunst, viele Jahre alt zu werden, nicht für Dich behältst, sondern uns allen weitergibst, die wir vielleicht auch einmal siebzig, achtzig, neunzig oder sogar hundert Jahre alt werden - und auf diese Weise sogar Lust dazu bekommen.

Ohne Not

Verlaß mich nicht im Alter,
steh Du mir bei, mein Gott.
Bist Du nur mein Erhalter,
so hat es keine Not.

Wie oft hab ich erfahren,
daß Du den Deinen treu.
Mach auch in alten Jahren
mir dieses täglich neu.

Kann wenig ich noch fassen,
laß mich dies Wort allein
nicht aus dem Herzen lassen:
„Ich will Dir gnädig sein!“

BAYRISCHES GESANGBUCH

In vorgerückten Jahren

Du kannst nicht wie ehemals Bäume ausreißen.
Doch kannst du noch vieles, ich will's dir beweisen:

Du kannst jetzt die Welt mehr von innen betrachten
und kannst alle Äußerlichkeiten entmachten.
Du kannst dich erfreuen an den leiseren Tönen
und kannst dich mit Himmel und Erde versöhnen.

Du kannst noch so mancherlei ausprobieren.
Du kannst etwas finden, was andre verlieren,
zum Beispiel Geduld oder herrlich viel Zeit.
Dich bringt keiner mehr in Verlegenheit.
Du kannst noch gar vielen ein Beispiel geben
und über den Dingen so wunderbar schweben.

Du kannst nun mit Abstand die Bilder betrachten,
kannst tadeln und loben, anstatt zu verachten.
Du kannst dich im Herbst noch mit Rosen umgeben
und du kannst von erwiderter Liebe leben.
Du kannst einer Katze über den Rücken streichen
und ein leises, zärtliches Schnurren erreichen.
Du kannst einem Kind einen Apfel hinhalten.
Und du kannst ein Geheimnis für dich behalten.

Du kannst, wie du willst, dir die Zeit einteilen
und in der Erinnerung lange verweilen.
Du kannst jeden Tag deine Blumen gießen
und froh jede einzelne Stunde genießen.
Du kannst dir dein Leben zurück überdenken
(doch niemandem deine Erfahrungen schenken).
Du kannst deine Augen schließen und ruhn.

Wirst staunen: Was kannst du doch alles noch tun!

ELLI MICHLER

Hausmittel gegen Herzfriedensbruch

STEFAN ANDRES

Fachleute aller Art nütze ich gern auf die Weise aus, daß ich sie unversehens in das Element ihres Faches hineinstoße. Vor allem sind es die Ärzte, die ich über die mir immer aufs neue so geheimnisvoll erscheinende Materie unseres Leibes ausfrage. Neulich nun sagte mir einer aus der Äskulapgilde, meine gelegentliche Verstimmt-

Alles Gute, was geschieht, setzt seiner Natur nach sogleich das nächste in Bewegung.

JOHANN WOLFGANG GOETHE

heit beim Aufstehen habe ihren Grund in einem Mangel an Zucker im Blut. In der Nacht senke sich der Zuckerspiegel.
Diesen hübschen Ausdruck habe ich mir gemerkt: Weswegen er sich senkt, habe ich leider vergessen.
Auf jeden Fall - der Zuckerspiegel sinkt. Und da ich mir einen unverständlichen Vorgang gern durch einen anderen erkläre, stellte ich mir einen sinkenden Wasserspiegel vor - der sinkt und sinkt, bis schließlich die Felsen zum Vorschein kommen.
Was aus dem gesunkenen Zuckerspiegel herausragt, das müßte danach Zanksteine heißen, vielleicht auch, ein wenig poetischer, Krawallriffe oder Knutterfelsen oder Frühstücksfriedensbrecher, ein jeder suche selber nach dem treffenden Wort.
Der freundliche ärztliche Fachmann nun erklärte mir, daß ich mit einem Löffel Honig den Zuckerspiegel heben und infolgedessen fast unmittelbar die Gereiztheit verlieren und zu einem heiteren Frühstückspartner werden könne - mit einem einzigen Löffel Honig!
Es ist aber nun eine uralte menschliche Erfahrung: Die Medizin wird immer ein bißchen zu spät verabreicht. Zwischen Aufstehen und Frühstück liegt bei einem zivilisierten Menschen eine ganze Spanne Zeit, sagen wir: dreiviertel Stunden, und ein Mann, der einen niedrigen Zuckerspiegel hat und überdies das Wecken selbst gegen alle bessere Einsicht als einen Akt der seelischen Roheit empfindet, kann in dieser Zeit zehnmal Haus- und Herzfriedensbruch begehen.
Der Löffel Honig, soll er zur rechten Zeit wirken, müßte also schon eine Viertelstunde vor dem Erwachen genommen werden. Da dies aber kaum möglich ist, habe ich mir die hartnäckige Vorstellung geschaffen, es müsse noch ein anderes Mittel geben, den Zuckerspiegel und damit die gute Laune zu heben, und es müsse noch ein anderer Honig dasein, ein Honig, der noch größere Wunder wirkt als der von den Bienen.
Und ich fand, daß meine Gedanken und Gefühle, wenn sie sich vereinen, wirklich den Bienen gleichen. Schon im Traum sind sie - und meistens sogar, ohne daß wir etwas davon erfahren - eifrig dabei,

diesen anderen, feineren und unserer Seele durch nichts ersetzbaren Honig zu sammeln.
Allerdings geraten sie machmal wie die irdischen Bienen an giftige Blumen; denn in unserem Innern wachsen nicht nur Himmelschlüssel und Marienblümchen, und dann - darauf machte ich meinen auf den Honig schwörenden Doktor aufmerksam! - erwachen wir und haben Gift im Blut und wissen nicht, woher es stammt.
Im Hinblick auf diese unsere Seelenbienen sollten wir es uns abends schön überlegen, welches Buch wir mit ins Bett nehmen oder welches die letzten Dinge sind, die von der untergehenden Sonne unseres Bewußtseins zärtlich mit ihren Strahlen vergoldet werden.
Und am Morgen, beim Erwachen, wenn unsere Seelenbienen, mit den Flügeln summend, unser Inneres reinigen und zum Ausflug bereit sind, auch dann sollte der erste Griff des Tages, wie ihn uns der Dichter Horaz beschreibt, menschlich sein und zum Buche hin geschehen. Ein paar Zeilen - und schon ist der Honig im Blut! Und wir, die wir Bienenstock und Imker in einer Person sind, lauschen, da der Tag den Saum all seiner Möglichkeiten leise bewegt, ja, wir lauschen noch einige tiefe Atemzüge lang in uns selbst hinein.
Einerlei, ob wir alt oder jung sind, gesund oder krank, traurig oder heiter -, in diesem morgendlichen Augenblick sagen wir uns, daß wir am Leben sind und daß wir mit allem, was lebt, dasselbe Leben gemeinsam haben, daß dieses Leben endlich ist; daß diese Endlichkeit sich in allem ermißt und spiegelt - in uns und in unseren Lieben im Zimmer nebenan, in unseren Freunden und Feinden, in unseren Katzen und Hunden, in dem Pfirsichbaum, im Gras - in allem, was lebt.
Und der Zuckerspiegel der Lebensfreude und Lebensinbrunst steigt so hoch, daß sogar unser Wecker, dieser Henkersknecht der Zivilisation, auf seinem Zifferblatt einen Abglanz jenes Lichtes liegen hat, in das er uns durch sein Wecken hineinwarf: Ich meine das Licht des Tages, in dem schon die Bienen schwärmen und von Blume zu Blume taumeln.

Theorie

Heil dem, der rundherum gesund,
auch seelisch ohne Klagegrund,
nach einer wohldurchschlafnen Nacht,
springt aus dem Bette, daß es kracht!
Die Sonne scheint, es ist halb sechs -
der Mensch, das herrliche Gewächs,
sich fühlend als der Schöpfung Krone,
treibt froh, mit Rundfunk oder ohne,
den Frühsport, duscht im kalten Strahl,
verzehrt vergnügt ein reichlich Mahl,
liest seine Zeitung sorgenfrei,
legt pünktlich auch sein Morgenei
und eilt, der eigenen Spannkraft froh,
in Werkstatt, Schule und Büro,
wo, bis ihn wieder Nacht umhüllt,
er weit mehr als sein Soll erfüllt.
Verdrossen liest man dies Gedicht:
So müßt' es sein - so ist es nicht!

EUGEN ROTH

Vorwiegend heiter

ZUSAMMENGETRAGEN

Ein guter Rat für angehende Pensionäre: Wenn Sie erst 60 oder 65 sind, dann ziehen Sie bloß nicht in ein Seniorenwohnheim. Da ist man mit lauter Siebzigern, Achtzigern und Neunzigern zusammen, und immer wenn irgend etwas umgestellt, gehoben oder verladen werden muß, heißt es: „Das soll der junge Spritzer machen.“

Ein Fernsehreporter suchte in einem Pflegeheim einen Mann auf, der seinen 100. Geburtstag feierte. „Sind Sie denn noch gut zu Fuß?“ fragte er ihn unter anderem. „Auf jeden Fall besser als vor 100 Jahren“, kicherte der Greis.

„Ich gratuliere Ihnen zum Geburtstag, wie alt sind Sie denn jetzt?“-
„Siebenundfünfzig“
„Respekt, das ist ein gutes Alter für eine Frau von fünfundsiebzig“

Die Großmutter zu ihrer kleinen Enkelin: „Na, mein Kind, wie geht’s dir denn?“ „Och, ganz gut, nur mit deiner Tochter habe ich ab und zu Probleme!“

Die meisten Leute sind zu dick oder glauben, sie seien zu dick. Aber: nach einer Faustregel der Ernährungswissenschaftler sollte ein Mensch das an Kilo wiegen, was er an Zentimeter über einen Meter mißt. Bei einer Körpergröße von 1,70 Meter sind 70 Kilo das Höchstmaß. Sollten Sie also bei 1,69 Meter 73 Kilo wiegen, sind Sie nicht zu dick, sondern zu klein. Und dafür können Sie nichts.

Als Großvater hat man das Glück, die dritte revidierte,
verbesserte Ausgabe
der eigenen Biographie mitzuerleben.

MARTIN GROSS

Die Bibel

PREDIGER SALOMO 9, 7-9

Geh, iß mit Freuden dein Brot und trinke deinen Wein mit fröhlichem Herzen. Denn längst hat Gott deinen Weg bestimmt. Trage festliche Kleider und mache dich schön. Genieße das Leben mit der Frau, die du lieb hast, alle die flüchtigen Tage, die unter der Sonne dir gegeben sind. Denn das ist dein Teil im Leben, das ist der Lohn deiner Mühsal unter der Sonne.

Tantchen kommt zu Besuch

INGEBORG NEUBAUER

Die ganze Familie hatte in Königsberg gelebt - nur wir nicht. Wir kamen aber oft zu Besuch, trafen diesen und jenen.
Doch als Tantchen mir ihren Besuch ankündigte, mußte ich erstmal nachdenken. Ich muß fünf Jahre alt gewesen sein, als ich sie zum letztenmal sah - und inzwischen war ich fünfundsechzig.
Aber natürlich freut man sich über Familienbesuch, es gibt so viele Leute, die man gemeinsam gekannt hat, so viele Orte gemeinsamer Erinnerungen. Hatte ich eine alte über achtzigjährige Dame erwartet, die mühsam auf den Krückstock gestützt aus dem Zug krabbeln

würde? Tantchen sprang frisch wie der junge Frühling in einem türkisfarbenen Hosenanzug auf den Bahnsteig, und ich erblaßte vor Neid. Wo hatte ich nur die Idee her, daß das eine Farbe sei, die ich mit fünfundsechzig nicht mehr tragen könne?
Na, zeichnen wir erstmal das Bühnenbild!
Ich lebe seit Jahren in Westfrankreich, keine fünf Kilometer von der spanischen Grenze entfernt - direkt am Meer. Ein wunderbarer Ort für einen geruhsamen Lebensabend. Das Städtchen ist reizend, das Klima gut, die Badebucht frei von gefährlichen Strömungen, und die für die Weinbauern angelegten Fahrwege in den Bergen sind elf Monate im Jahr leer und selbst in fortgeschrittenem Alter leichter zu bewältigen als die Ziegenpfade im Innern der Pyrenäen.
Tantchen stürzte sich mit Begeisterung ins Meer. Und sie, die schwer herzkrank war, bestand darauf, jeden Tag bis zur Boje rauszuschwimmen - und sich dann den ganzen Nachmittag zu beklagen, daß es zuviel gewesen sei.
Ich selbst bin eine recht gute Schwimmerin, aber ich bin kein Rettungsschwimmer, und so paddelte ich immer wie ein besorgter Bernhardiner hinterher - froh, wenn wir wieder auf dem Trockenen waren.
„Weißt du", erzählte sie mir, „als ich vor zwei Jahren am Roten Meer war, da gab es keinen Strand, man mußte auf Leitern die Felsen zum Wasser runterklettern. Runter kam ich, aber nicht wieder rauf. Na, das war jedesmal ein Theater, bis sie mich aus dem Wasser hatten. Der Pfarrer, der die Gruppe leitete, war vielleicht wütend. Er mekkerte den ganzen Tag, bis ich sagte: ‚Nun hören Sie schon auf, schließlich wäre ich ja ertrunken und nicht Sie!' Aber das brachte ihn erst richtig in Rage: ‚Natürlich Sie - aber wer hätte den Ärger mit dem Leichentransport gehabt? - Ich!' "
Mir lief es plötzlich kalt über den Rücken. Recht hatte der Mann: wenn ihr wirklich was passierte, was machte ich dann?
Also klemmte ich mir, während Tantchen ihr Mittagsschläfchen hielt, eine Flasche Martini unter den Arm und ging die Rettungsschwim-

mer besuchen. Ich klagte ihnen mein Leid. „Es ist eine nette alte Dame, aber störrisch wie ein Maulesel. Tun Sie mir einen Gefallen und behalten Sie uns ein bißchen im Auge! Ich bin sehr daran interessiert, sie lebendig zurückzuschicken."
Am nächsten Tag schwammen wir zur Boje. „Du bist heute so ruhig", sagte Tantchen mißtrauisch, „hast du dich endlich damit abgefunden, daß ich weiß, was ich will?" Ich schwieg mich aus, warf aber einen Blick zum Strand und sah zwei Ferngläser auf uns gerichtet. Wir waren kaum aus dem Wasser, da stand auch schon einer der Rettungsschwimmer da. „Madame, ich verbiete Ihnen, in Ihrem Alter, soweit rauszuschwimmen. Schwimmen Sie am Strand entlang, wenn Sie einen Schwächeanfall haben, kann Ihnen jeder Badende zur Hilfe kommen; bis wir mit dem Boot an der Boje sind, haben Sie zuviel Wasser geschluckt."
Tantchen mupfte auf: „Das hätten Sie nicht sagen sollen."
„Wir sind nicht in Helgoland, wir sind in Banyuls, und hier bin ich Rettungsschwimmer."
Tantchen war vierundzwanzig Stunden lang ungenießbar. „Ich möchte nur wissen, welcher Schuft mich angezeigt hat. Das ist alles deine Schuld, du erzählst den Leuten immer, daß ich über achtzig bin - ich werde immer für siebzig gehalten."
Ach ja, Tantchen! Ich verjüngte mich sichtlich in den drei Wochen, jeden Tag bekam ich mindestens dreimal zu hören: „Mein liebes Kind, du bist noch viel zu jung, um die Lage zu beurteilen."
Erst als ich eines Tages auf der Straße stürzte und zwei alte Herren mir zur Hilfe kamen, während jemand eilig einen Stuhl aus dem Haus holte, wurde mir wieder klar, daß ich so jung nun eigentlich auch nicht mehr war.
Sie war nur drei Wochen bei mir, erwarb sich aber die Popularität eines rosa Elefanten. Noch drei Jahre später fragten mich die Leute: „Und wie geht es Ihrer Tante?"
Daß Tantchen aber ziemlich autoritär war, merkten sie auch.
Während Tantchen ihre Mittagsschläfchen hielt, machte ich meinen

Spaziergang, danach trafen wir uns in dem kleinen Terrassencafé am Meer. „Und was möchten Sie?“ fragte mich der junge Kellner, der sich hier das Geld für das Wintersemester an der Universität verdiente. „Einen Eiskaffee mit Sahne.“
„Unsinn“, unterbrach Tantchen, „zwei Eiskugeln, wie für mich!“
Der junge Mann sah von einem zum anderen. Ich winkte müde ab - werd ich mich striede? „Zwei Eiskugeln.“
Er brachte sie und stellte sie vor mich hin -, und dann merkte ich es: er hatte einen Whisky über das Eis gegossen; er muß wohl den Eindruck gehabt haben, daß ich ihn nötig hatte.
Als Tantchen abfuhr, schlug ich vor: „Weißt du, es ist noch ziemlich weit bis Hamburg, willst du nicht in Paris einen Tag Pause machen?“
„Was soll ich denn in Paris? Ich war schon mal drei Tage in Paris.“
Ich schwieg: unnütz zu erwähnen, daß ich zwanzig Jahre in Paris gelebt habe und eigentlich immer noch überzeugt bin, daß da noch eine Menge zu entdecken ist.
Wie war das noch mit Tantchens Weltreise?
Ein Abend in Montreal, vierundzwanzig Stunden in Australien, vierundzwanzig Stunden Tokio und drei Tage in China. „Tantchen“, hatte ich erschüttert gesagt, „was du in der Zeit sehen kannst, hättest du dir auch als Diapositivserie im Schaukelstuhl ansehen können - bequemer und billiger.“ Was sagte sie? Sie haben es erraten: „Mein liebes Kind, du bist noch viel zu jung.“
„Komm“, sagte meine Tochter, die für das Wochenende aus Montpellier gekommen war, als die roten Schlußlichter von Tantchens Zug in der Ferne verschwanden, „ich hab ‘ne Flasche Schaumwein in den Eisschrank gelegt, jetzt wollen wir uns erstmal erholen.“
„Eine gute Idee“, murmelte ich, „sie ist zwanzig Jahre älter als ich, aber ich werde sechs Wochen weiche Knie haben. Und doch“, fügte ich hinzu, „eigentlich schade, daß solche Originale aussterben.“
Meine Tochter schlug mir freundschaftlich auf die Schulter: „Na, na, Muttchen - so alt bist du ja auch noch nicht, und wie man sieht, wachsen immer wieder welche nach.“

Ins neue Jahr zieh' frohgemut auf Gottes lichten Wegen.
Es wandert nirgends sich so gut als unter seinem Segen.

MARGARETE RODE

Geburtstagsgedanken

Es rauscht der Flügelschlag der Zeit.
Es geht ein Jahr zur Ewigkeit,
ein Jahr mit vielen Tagen.
Was werden sie Gott sagen?

Es rauscht der Flügelschlag der Zeit.
Ein Jahr kommt aus der Ewigkeit,
ein Jahr nach Gottes Willen.
Wie werden wir es füllen?

Der Du der Herr der Zeiten bist,
gib, daß wir unsres Lebens Frist,
die Du uns noch willst geben,
zu Deiner Ehre leben!

KÄTHE WALTER

Es rinnt die Zeit.
Man strebt und schafft,
erhofft das Glück, das meist erschlafft,
und sucht von neuem, es zu greifen.
Und wieder bricht ein Morgen an,
und wenn das Tagwerk ist getan,
dann geht´s mit Hoffen wieder an!

UNBEKANNT

Ich habe schon viel erlebt

ERICH FRANK

Sein hundertster Geburtstag war natürlich ein ganz großes Ereignis. Sogar ein Reporter war erschienen, um den alten Herrn zu interviewen. Das war nicht so ganz einfach, denn dieser war gerade auf der Diele und zeigte keine rechte Lust, den Tanz mit seiner Urenkelin zu unterbrechen.
„Wenn Sie Ihr Leben noch einmal von vorn anfangen könnten - was würden Sie anders machen?"
Der alte Herr blinzelte ein wenig und wühlte mit beiden Händen in seinem Bart, als könne er dort die Antwort auf diese Frage finden.
„Meine Frage war: Was hätten Sie anders gemacht?"

„Tja...“ sagte der alte Herr, fuhr sich zur Abwechselung mit seiner Rechten über den Kopf und runzelte angestrengt seine Brauen.
Leicht verzweifelt änderte der Reporter seine Taktik.
„Erinnern Sie sich an ein besonderes Erlebnis? Waren Sie im Krieg?“
„Oh ja“, sagte der alte Herr, „damals auf der Krim... Das war eine böse Zeit. Nein, in den Krieg würde ich nicht noch einmal gehen.“
Seine Augen verschleierten sich etwas, und er neigte seinen Kopf, als lauschte er in eine andere Zeit. Er hatte damals viel Schreckliches erlebt.
Der Reporter notierte: Einen Krieg würde er nicht noch mal mitmachen.
„Einmal“, sagte der alte Herr, „hatte ich eine Kugel ins Bein bekommen. Ein Kamerad schleppte mich über eine Stunde lang zum Lazarett. Ich war halb irrsinnig vor Schmerzen. Er redete mir gut zu. Das war jemand, der sich mit seiner ganzen Kraft für mich einsetzte. Nur so - ohne Gegengabe. Hätte ich dies jemals erlebt, ohne im Krieg gewesen zu sein? Irgendwie hat mich dies nie losgelassen. Nein, nein, vielleicht war es doch richtig, daß ich damals dabei war.“
„Hm“, knurrte der Reporter und strich den ersten Satz aus. „Würden Sie sonst noch etwas anders machen? Was hatten Sie denn für einen Beruf?“
„Bauer war ich, nichts als ein gewöhnlicher Bauer! Bauer würde ich nicht mehr sein wollen. Vielleicht in den Staatsdienst gehen? Oder ein Geschäft aufmachen. Man steht hinter der Kasse, und das liebe Geld hüpft nur so herein. Ja, ja, ein Geschäft würde ich aufmachen.“
Der alte Herr klatschte in die Hände.
Der Reporter machte ein verkniffenes Gesicht, aber er notierte.
„Andererseits,“ sagte der alte Herr, „wenn es so richtig bitterkalt war im Winter und den ganzen Tag nicht hell wurde, dann ging man in den Stall und wärmte sich die Finger beim Melken. Es gibt kein besseres Mittel gegen steife Finger. Tja, und dann kamen der Frühling und die ersten Lerchen. Und waren auch manche Sommer heiß und dürr, zu essen hatten wir trotzdem. Heutzutage einen Laden haben?

Man liest doch immerzu von Überfällen und Ladendiebstählen. Nein, nein, ich glaube, meinen Beruf würde ich nicht ändern".
„Hm", knurrte der Reporter, und während er den zweiten Satz mit seinem Bleistift mehrfach durchstrich, fragte er: „Und wie war's mit der Liebe? Würden Sie wieder heiraten?"
„Ach du meine Güte!" sagte der alte Herr und duckte sich ein bißchen. „Ein Zuckerlecken war's nicht mit der Marie!" Er schüttelte seinen Kopf.
„Also keine Heirat mehr", notierte der Reporter.
Der alte Herr schaute auf die Diele, wo seine acht Urenkelinnen miteinander im Kreis tanzten. Glitzerten die Augen von der Anna nicht so vergnügt wie die von seiner Marie? Und das Lachen von Sofja? Und konnte die Mascha nicht sogar während des Tanzens ihren Mund nicht halten und plapperte unbeirrt weiter wie Marie früher? Nein, kein Zuckerlecken, aber er war ja wohl auch nicht immer ein Honigtopf gewesen. Der alte Herr lächelte versonnen. Ihm fiel die Küche ein mit den blitzweiß gekalkten Wänden, dem sauber gescheuerten Tisch, er sah seine Marie, wie sie ein frisches Brot anschnitt und hörte ihre fröhlichen Lieder -, allerdings brachen sie auch gelegentlich ab, und wie aus heiterem Himmel entlud sich ein Donnergrollen auf ihn.
„Kein Zuckerlecken", sagte der alte Herr plötzlich laut, „aber wie frisches duftendes Brot, mit dem man seinen Hunger stillt und das so gut nach der Arbeit schmeckt, auch wenn mal ein Sandkorn im Mehl war. Na ja, das Mehl hatte schließlich ich gemahlen".
Der Reporter begriff nicht sofort, aber seine Hand war schon dabei, den letzten Satz wieder durchzustreichen.
„Dann hätten Sie gar nichts anders gemacht?"
„Doch", sagte der alte Herr. Er lächelte noch immer still, seine Lider zuckten. „Ihnen, lieber Herr, sage ich Dank für das Gespräch. Es hat mich daran erinnert, daß ich noch einem andern Dank für alles sagen muß. Das würde ich anders machen. Er hat schon sehr lange darauf warten müssen, aber ich glaube fest, es ist noch nicht zu spät."

Freuet euch und seid fröhlich immerdar
über das, was ich schaffe,
spricht Gott, der Herr.

JESAJA 65,18

Gedanken eines Junggebliebenen

Ein Mensch, nur 100 Jahre jung,
ist geistig noch ganz gut in Schwung.
Er ist recht munter und gar wendig,
auch seine Seele ist lebendig.
Und fragt man ihn, wie er das macht,
so sagt er: „Ich hab nachgedacht:

Du mußt in deinen Lebenstagen
nicht allzu viele Fragen fragen.
Man macht sich auf mit kleinen Schritten
und stellt dann fest, man ist inmitten
des turbulenten Weltgeschehens
ganz plötzlich und ganz unversehens.

Es geht mal vor und mal zurück,
oft auch vorbei am großen Glück.
Jedoch das kleine kommt entgegen
dir hundertfach auf manchen Wegen.
Du brauchst Geduld und viel Geschick
im Umgang mit dem Lebensglück.

Und manchmal brauchst du auch Humor,
denn alles kommt im Leben vor.
Willst du so ganz die Welt verstehen,
mußt du in deinen Spiegel sehen,
dann siehst du dich und all die andern,
die mit dir durch das Leben wandern.

Du bist getröstet, denkst verschmitzt,
wir sind vom gleichen Holz geschnitzt
und dennoch - alle ganz verschieden,
so findest du den Seelenfrieden.

Wenn du bedenkst, auf dieser Welt
am besten ist´s mit uns bestellt,
wo wir ein klares Bild uns machen
vom Leben, Lieben, Weinen, Lachen,
mit Einsicht, Zuversicht, Vertrauen
nicht rückwärts, sondern vorwärts schauen."

E. M. REINHOLD

Erinnerungen von Pablo Casals

ALBERT E. KAHN

Ich bin jetzt über dreiundneunzig Jahre alt, also nicht gerade jung, jedenfalls nicht mehr so jung, wie ich mit neunzig war. Aber Alter ist überhaupt etwas Relatives. Wenn man weiter arbeitet und empfänglich bleibt für die Schönheit der Welt, die uns umgibt, dann entdeckt man, daß Alter nicht notwendigerweise Altern bedeutet, wenigstens nicht Altern im landläufigen Sinne.
Ich empfinde heute viele Dinge intensiver als je zuvor, und das Leben fasziniert mich immer mehr. Unlängst überbrachte mir mein Freund Sascha Schneider einen Brief, den eine Gruppe Musiker aus dem Kaukasus an mich gerichtet hatte.
Er lautete:

Lieber hochverehrter Maestro,
ich habe die Freude, Sie im Auftrage des Georgisch-Kaukasischen Orchesters einzuladen, eines unserer Konzerte zu dirigieren.
Sie werden der erste Musiker Ihres Alters sein, dem die Auszeichnung zuteil wird, unser Orchester zu leiten.
Niemals in der Geschichte dieses Orchesters haben wir es einem Manne gestattet, uns zu dirigieren, der weniger als hundert Jahre alt war - alle Orchestermitglieder sind über Hundert! -, aber wir haben von Ihrem Dirigiertalent gehört und meinen, in Ihrem Falle, unbeschadet Ihrer Jugend, eine Ausnahme machen zu sollen.
Wir erwarten umgehend Ihre Zusage. Fahrtkosten werden ersetzt. Auch für die Kosten Ihres Aufenthaltes werden wir aufkommen.
Hochachtungsvoll
Astan Schlarba
Präsident, 123 Jahre alt

Enthaltsamkeit ist das Vergnügen
an Sachen, welche wir nicht kriegen.
Drum lebe mäßig, lebe klug,
wer nichts gebraucht, der hat genug.

WILHELM BUSCH

Miteinander glücklich

K. W. GATTWINKEL

Er versuchte, ihr die Tür zum Café zu öffnen. Es fiel ihm nicht leicht, er ging am Stock, und die Tür war schwer. Aber sie kam durch und ging dann suchend voraus.
Endlich fand sie einen freien Tisch. Fragend blickte sie ihn an, als wollte sie sagen: „Hier, ist es gut?“

Er war langsam nachgekommen, konnte zuerst nichts sehen, weil die Brille beschlagen war.
Sie ging auf ihn zu, nahm ihn bei der Hand. Langsam gewöhnte er sich an den Raum, an die Wärme.
Sie halfen einander aus den Mänteln, es ging sehr mühsam.
Er lehnte seinen Stock an den Stuhl, um beide Hände frei zu haben.
Sie konnte die Arme nur schwer bewegen, Rheuma wohl.
Schließlich saßen sie.
Der Tisch stand genau der Garderobe gegenüber. Menschen kamen und gingen, einzeln, Pärchen, kleine Gruppen. Es waren viele Mädchen und junge Frauen dabei.
Er hielt die Karte in der Hand, aber er dachte nicht ans Bestellen. Sie wählte aus, hob immer wieder ihr Gesicht, ließ die Augen wandern zwischen ihrem Mann und den jungen Frauen. Sie lächelte.
Dann legte sie ihre Hand auf seinen Arm.
„Ist es nicht schön, daß es so viele hübsche und junge Menschen gibt?" hörte ich sie fragen. Er bekam einen roten Kopf, dann nickte er, lächelte - und beschäftigte sich mit der Karte.
Gemeinsam älter werden, dachte ich. Wie großartig und wie feinfühlend konnte sich diese Frau auf ihren Mann einstellen, auf seine Gedanken, seine Wünsche.
War sie eifersüchtig?
Ich meine nicht. Und wenn sie es war, ließ sie es ihn nicht spüren. Es gehört Freiheit dazu, einem anderen Freiheit zu lassen. Sie machte es ihm leicht.
Kein Vorwurf, sondern Hilfe. Keine Klage, sondern gemeinsame Freude am Schönen. Ja, noch mehr: Hinweis auf das, was ihn erfreute; Zustimmung zu dem, was er gerne sah.
Später bemerkte ich, wie einer des anderen Kuchen versuchte.
Sie gingen fort. Und diesmal hielt er ihr die Tür besonders weit auf.
Sie bedankte sich mit einem Lächeln, das aus klugen Augen kam.
Und er wußte, was dieses Lächeln bedeutete.
Er konnte in diesem Lächeln geborgen sein.

Lebensabend

Die Alten sagen zu den Jungen:
Ihr seht uns nur aus eurer Welt.
Wir leben von Erinnerungen.
Ihr wundert euch,
was uns am Leben hält:

Ein warmer Trank,
Tee aus der Malvenblüte,
ein Gottseidank,
ein bißchen Menschengüte,
ein Vogel, der ans Fenster fliegt,
ein paar geschriebene Grüße,
ein Kopfweh, welches schon besiegt,
ein Schemel für die müden Füße,
ein Winken jener fremden Frau,
die unterm Fenster steht mit ihrem Kind,
ein Himmel, der nicht ständig grau,
und Augen, die nicht völlig blind.

Ihr glaubt, das sei nicht viel, was bleibt?
Ihr untertreibt!

ELLI MICHLER

Gebet

Gott, du allein weißt, was dieser Tag wert war.
Ich habe vieles getan und vieles versäumt.
Ich habe vieles versucht und vieles nicht vollendet.
Ich habe aus Unglauben gehandelt und entschieden
und bin den Menschen viel Liebe schuldig
geblieben.

Ich möchte allen vergeben,
die mir Unrecht getan haben.
Ich möchte von allem Haß, allem Neid
und aller Verachtung frei sein.
Vergib du auch mir alle meine Schuld.
Ob dieser Tag Frucht gebracht hat, weiß ich nicht.
Du allein siehst es.
Du allein kannst meine Mühe segnen.

Gott, ich kann dir nichts geben
zum Dank für diesen Tag,
als daß ich den kommenden
aus deiner Hand nehme.
Gib mir einen neuen Tag und verlaß mich nicht.
Amen.

Ich werfe jeden Tag mehr auf den Scheiterhaufen des Unwesentlichen - das Schöne bei diesem Tun ist das, daß das Wesentliche dabei nicht kleiner, enger wird, sondern gerade mächtiger und großartiger.

FRANZ MARC

Herausgeberin: **Katharina Klett**

Textbeiträge:

Titel	Jörg Zink "Mögest du in deinem Herzen bewahren..." aus: Dein Geburtstag sei ein Fest. Kreuz Verlag, Stuttgart 1987
S. 11	Elli Michler "Ich wünsche dir Glück und Segen" aus: Dir zugedacht. Wunschgedichte. Don Bosco Verlag, München 12. Aufl. 1995
S. 12	Phillip Kelly "So soll man schenken" aus: Companion of St. Francis and St. Anthony, Toronto 1987
S. 14	Bertolt Brecht "Vom Glück des Gebens" aus: Gesammelte Werke, Suhrkamp Verlag, Frankfurt/M. 1967
S. 16	Suzanne Chazin, aus: New York Times 1989
S. 20	Jörg Zink "Der Dichter des Psalm 139 schreibt" aus: Mehr als drei Wünsche, Kreuz Verlag, Stuttgart 1983
S. 27	Hermann Hesse "Gottes Geschenk" aus: Gesammelte Werke, Suhrkamp Verlag, Frankfurt/M. 1970
S. 34	Dietrich Mendt "Rede an einen Freund zum Geburtstag" aus: Fanny Herklotz, Geschenkte Jahre
S. 38	Elli Michler "In vorgerückten Jahren" aus: Die Jahre wie die Wolken gehen. Getrost in den Lebensabend. Don Bosco Verlag, München 4. Aufl. 1993
S. 43	Eugen Roth "Theorie", in: Sämtliche Werke, Carl Hanser Verlag, München Wien 1978
S. 58	Albert E. Kahn "Erinnerungen von Pablo Casals" aus: Licht und Schatten auf einem langen Weg - Erinnerungen. Albert E. Kahn - S. Fischer Verlag, Frankfurt/M. 1971
S. 61	Elli Michler "Lebensabend", aus: s. S. 38
S. 62	Jörg Zink "Gebet", aus: Wie wir beten können. Kreuz Verlag, Stuttgart 1991

Fotos:

Umschlag und S. 15	H. Klaas
S. 2, 10, 52 u. 55	K. Scholz
S. 5 u. 28	D. Bausch
S. 12 u. 59	Mauritius Bildagentur
S. 19 u. 45	ZEFA Bildagentur
S. 24 u. 40	Archiv Isenburg
S. 32	E. Oßwald
S. 50	E. Harstrick

Enwurf
und Gestaltung: E. M. Reinhold

Satz: „Die Probe" e. V., Neuwied
Lithos: HR Druckform, Taunusstein
Druck u. Buchb.: Druckerei & Verlag Steinmeier, Nördlingen

Den Verlagen und Autoren sei für die Abdruckerlaubnis freundlich gedankt. Nicht alle Rechteinhaber konnten ausfindig gemacht werden. Für entsprechende Hinweise sind wir dankbar. Rechtsansprüche bleiben gewahrt.

Bestell-Nr.: 150002
ISBN 3-9803384-7-9